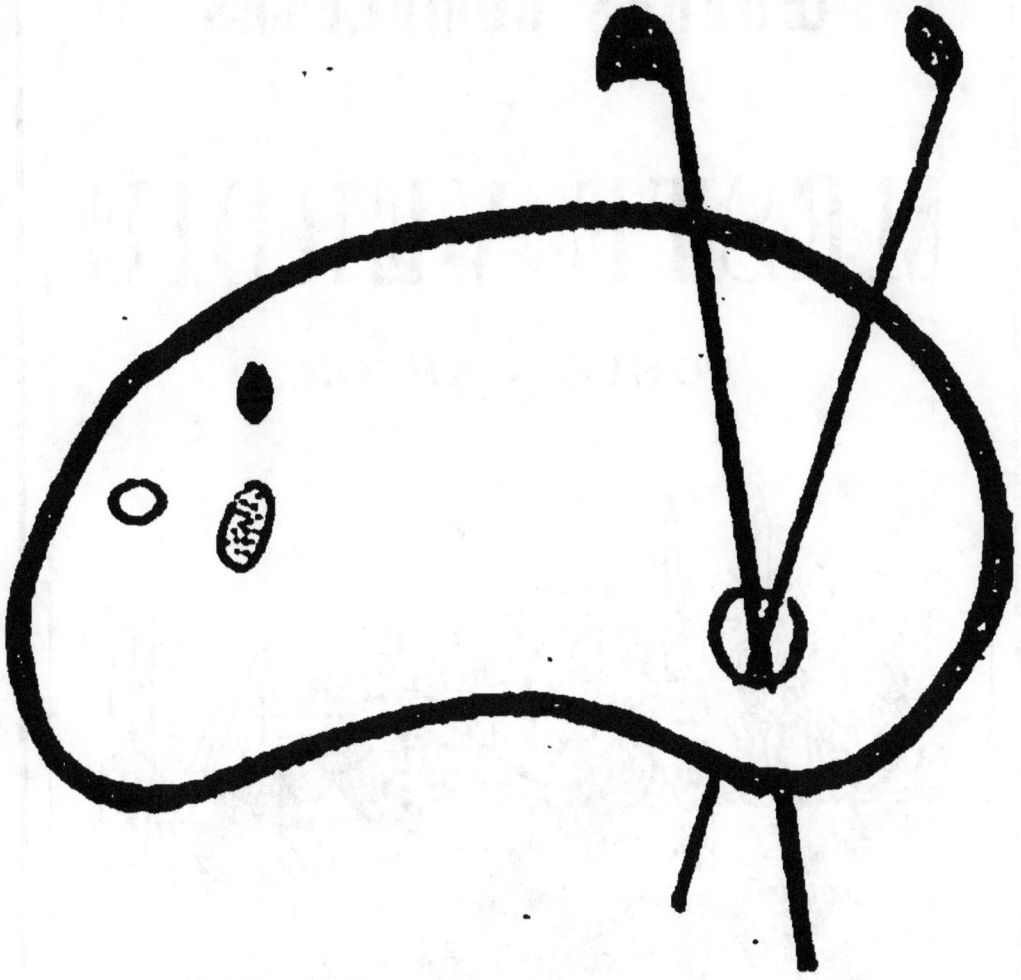

COUVERTURE SUPERIEURE ET INFERIEURE
EN COULEUR

ŒUVRES COMPLÈTES

DE

MESTE VERDIÉ

POËTE GASCON

BENARD   H. COUILLOUD

BORDEAUX

GOUDIN, LIBRAIRE-ÉDITEUR, GALERIE-BORDELAISE

1868

3613-С20

LA

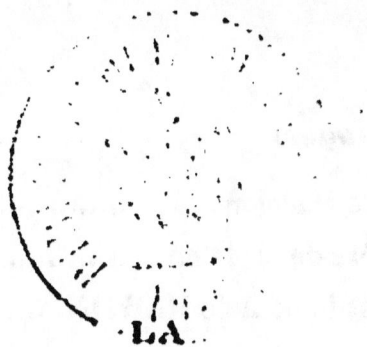

MORT DE GUILLAUMET

TRAGÉDIE EN DEUX ACTES ET EN VERS

REPRÉSENTÉE POUR LA PREMIÈRE FOIS SUR LE THÉATRE-FRANÇAIS
DE BORDEAUX, LE 11 JANVIER 1817

Personnages.	Acteurs.
BERNAT, cousin de Madelon.......	M. FRANCISQUE.
BERTOUMIOU, frère de Madelon.....................	M. ACHILLE.
GUILLAUMET, sous le nom de MARTIN..........	M. FOURNIER.
ANTOINE, garçon meunier...........................	M. LEPEINTRE aîné.
RAMOUNET, ancien voisin de Bernat.............	M. FRÉDÉRIC.
MADELON, meunière............................	Mme LEPEINTRE.
SUZON, fille de Bertoumiou...........................	Mlle VIRGINIE.

La scène se passe devant un moulin à eau situé sur la jalle de Blanquefort, près Bordeaux.

———————

Le théâtre représente un moulin à eau situé sur la jalle de Blanquefort, dans le fond et sur le côté droit de l'acteur. Au fond, et un peu en face du public, on voit un pont qui traverse la jalle et semble conduire dans la campagne.

ACTE PREMIER

SCÈNE PREMIÈRE

ANTOINE, sortant du moulin avec un sac vide sur le bras.

Oui, je suis décidé..... je quitte ce moulin;
De tout ce que j'y vois je me lasse à la fin;
Je veux leur faire voir, n'étant pas de la cave,
Qu'on ne me traite pas comme on traite un esclave.
Comment! depuis trois mois pas un mot de douceur,
Et chacun m'assaillit de sa mauvaise humeur.

Ces mauvais traitements me donnent lieu de croire
Que dans cette maison je suis la bête noire;
Mais puisque c'est ainsi, n'y pouvant plus tenir,
Pas plus tard que demain je prétends en sortir.
A prendre ce parti j'aurais bien moins de presse
Si je n'étais grondé que par notre maîtresse;
Mais souffrir qu'un valet me fasse aller au pas,
C'est un peu trop vexant, cela ne se peut pas.
Je ne puis revenir de son impertinence,
Lui de qui j'attendais de la reconnaissance :
Après l'avoir soustrait aux horreurs de la faim,
Et l'avoir bonnement introduit au moulin,
Il ose à mon égard agir d'un ton sévère,
Et me fait chaque jour supporter sa colère;
Il a même le front d'oser me menacer
Qu'il n'a qu'à dire un mot pour me faire chasser.
Il faut que Madelon, d'accord avec ce traître,
Lui donne le pouvoir de commander en maître.
Ah! ce n'est plus le temps qu'il vint sur mon chemin,
Rongé par la misère, et, d'un air patelin,
Me dire avec respect : Ah! mon ami, de grâce,
Daignez pour quelque emploi me trouver une place,
Veuillez avoir égard à ma position,
Et je vous saurai gré d'une telle action.
Pas mal! dès qu'il me voit c'est tout comme une rage :
Où vas-tu? que fais-tu? voyons, marche à l'ouvrage!
Il me gronde sans cesse, et le grand bruit qu'il fait

M'empêche mainte fois d'entendre le traquet.
Ceci n'est pas le tout, je gage que le drôle
En lui parlant d'amour rend la bourgeoise folle.
Je ne la connais plus, elle semble un lutin,
Et me mène aussi dur que ce maudit faquin.
Mais j'en aurai raison, ou le diable m'emporte,
Et si je sors d'ici, je prétends qu'il en sorte;
Je veux lui faire voir à cet original.....

SCÈNE II.

ANTOINE, GUILLAUMET.

GUILLAUMET.

De qui donc parles-tu?

ANTOINE.

　　　　　　Je parle... du cheval.
Vous savez que lundi cette méchante bête
En traversant le pont me fit rompre la tête;
Or vous devez penser que, sentant la douleur,
Je dois avec raison conserver de l'humeur.

GUILLAUMET.

Voilà ce qui s'appelle avoir du caractère,
Et savoir à propos conserver sa colère :

A cause que Monsieur s'est fait un peu de mal,
Il voudrait de sang-froid voir mourir le cheval.

ANTOINE.

Je sais qu'il n'est pas bien d'avoir de la rancune
Contre un pauvre animal qui n'en conserve aucune;
Mais si je vous disais que je vous en veux fort,
Croyez-vous franchement que j'aurais tout le tort?
Voyons, répondez-moi, vous dont l'impertinence
Sais si bien tenir lieu de la reconnaissance;
Vous de qui le bonheur dépend de ma bonté,
Et que j'aurais bien dû n'avoir point écouté?
Ingrat! n'est-ce pas moi qui, d'un cœur trop sensible,
Pour te faire du bien ai fait tout mon possible?
N'as-tu pas des remords dans le fond de ton cœur,
D'agir de la façon envers ton bienfaiteur?
Va, je crois que chez toi c'est péché d'habitude
De payer les bienfaits par de l'ingratitude.

GUILLAUMET.

Ecoute, sais-tu bien que depuis quelques jours
Tu me casses la tête avec tes sots discours?
Tu viens me reprocher que c'est à ta prière
Que je dois le bonheur de servir la meunière;
Que c'est par ton canal que je suis au moulin,
Et que, grâce à tes soins, je mange un peu de pain?
Je crois à ton égard avoir rempli ma tâche.

Va, j'ai su remarquer que tu n'étais qu'un lâche,
Qui, sous le faux rapport de me faire du bien,
M'avais conduit ici pour n'y faire plus rien.

ANTOINE.

Je n'ai jamais pensé qu'à l'égard de l'ouvrage,
On pouvait de tes bras tirer grand avantage;
Lorsque je t'aperçus, je dis en te voyant :
S'il est dans cet état, ce n'est qu'un fainéant.

GUILLAUMET.

J'avais eu des malheurs.

ANTOINE.

      Ce n'est qu'une défaite.
Jouissant comme toi d'une santé parfaite,
On ne m'eût jamais vu mendier des secours,
Ni fatiguer les gens par de dolents discours.
Mais, craignant du travail la pénible disgrâce,
Tu ne rougissais pas de porter la besace.
Va, mille comme toi se trouvent malheureux,
Quand ils ont le défaut d'être des paresseux.

GUILLAUMET.

C'est trop m'apostropher, et ton impertinence
Pourrait bien à la fin lasser ma patience.

ANTOINE, s'approchant de Guillaumet.

Je parle avec raison ; oui, tu n'es qu'un câlin,
Qui n'es pas dans le cas de moudre un sac de grain.

GUILLAUMET, lui donnant un soufflet.

Tiens, maudit insolent, serre ça dans tes poches.

ANTOINE. (Il jette son sac et veut se déshabiller.)

Ah ! tu te prends des airs de donner des taloches ?
Allons, allons, voyons, il faut y faire un peu,
Et puis nous allons voir lequel aura beau jeu.

SCÈNE III.

ANTOINE, GUILLAUMET, MADELON.

MADELON.

Quel est donc ce sabbat ? D'où vient ce tintamarre ?
Pour vous mettre d'accord, faut-il prendre une barre ?
Voyons, Messieurs, parlez : d'où vient ce carillon ?
Il vous faut sur-le-champ m'en dire la raison.

ANTOINE.

Je vais vous dire tout, tenez, notre maîtresse...

MADELON.

Tais-toi !

GUILLAUMET.

C'est un coquin qui m'insulte sans cesse.

MADELON.

Oh! je sais qu'il a tort; c'est un mauvais sujet
A qui je saurai bien abattre le caquet.

ANTOINE.

Faites-moi, s'il vous plaît, le plaisir de m'entendre,
Car, avant de juger, faut-il encor comprendre.
Vous dites que j'ai tort; mais voyez donc mes yeux,
Il me les a pochés.

MADELON.

Il a bien fait; tant mieux!

ANTOINE.

Ah! puisqu'il a raison, je n'ouvre plus la bouche;
Mais il n'est pas moins vrai qu'ici je vois tout louche.

MADELON.

Voyons, que veux-tu dire en parlant sur ce ton?

ANTOINE.

Moi, je ne dis plus rien; je dis qu'il a raison,
Que vous le soutenez, et qu'en voilà de reste
Pour me mettre hors d'état de pouvoir faire un geste.

GUILLAUMET.

Tu feras, ma foi, bien; car, étant en courroux,
J'ai la démangeaison de t'assommer de coups.

ANTOINE.

Ah! mon Dieu! craignez donc monsieur le redoutable!
A l'entendre, on dirait que c'est Robert le Diable.
Crois-tu me faire peur, dis donc, mauvais capon?

GUILLAUMET, allant vers Antoine.

Ah! c'en est trop!

MADELON, le retenant.

Eh bien!

GUILLAUMET.

Sortez-vous, Madelon!

MADELON.

De grâce, finissez de faire ce tapage.
Et toi, maudit vaurien, va-t'en à ton ouvrage.

ANTOINE, à part.

Ils sont tous deux d'accord, et je vois le mic-mac;
Mais, puisque c'est ainsi, je vais prendre mon sac.
Retournons au moulin.

(Il ramasse le sac, et menace Guillaumet en s'en allant.)

GUILLAUMET.

Voyez, il me menace.

SCÈNE IV.

GUILLAUMET, MADELON.

MADELON.

A quoi bon l'écouter? Il faut lui faire grâce :
Vous devez bien savoir qu'il est pauvre d'esprit,
Et que l'on perd son temps d'écouter ce qu'il dit.

GUILLAUMET.

C'est que, voyez-vous bien, la colère m'emporte
Quand j'entends ce maraud me parler de la sorte.

MADELON.

Veuillez pour un moment suspendre ces discours,
Et parlons, s'il vous plaît, un peu de nos amours.
D'abord, je veux savoir si vous serez aimable,
Et si l'hymen pour vous n'a rien d'épouvantable.

GUILLAUMET.

J'ignore ce que c'est qu'un semblable lien,
Et mon cœur est trop neuf pour parler de l'hymen;
Ne l'ayant point connu, je ne puis vous répondre,
Et l'on peut sur ce point aisément me confondre.
Mais ce que je sais bien, c'est qu'il me serait doux
De jouir du bonheur de me voir votre époux.

MADELON.

Prenez garde, Martin! je suis capricieuse,
Je me fâche souvent, parfois je suis boudeuse,
Vive comme un salpêtre, et d'un entêtement
Qui, je vous réponds bien, n'est pas du tout plaisant;
Il faut tout me céder; et, de plus, je suis veuve.

GUILLAUMET.

Me diriez-vous cela pour me mettre à l'épreuve?

MADELON.

Non, mais faut-il encor de la sincérité,
Et rien n'est aussi beau que la naïveté.
Pour moi, je n'entends point que mon mari me dise:
Si j'avais su cela, je ne t'aurais point prise.

GUILLAUMET.

Mais je ne pense pas avoir à supporter
Le nombre des défauts qu'il vous plaît d'inventer;
Un cœur tel que le vôtre est exempt de malice,
Et vous en soupçonner serait une injustice.

MADELON.

Vous voulez me flatter.

GUILLAUMET.

Je dis la vérité.

Votre ton de douceur, votre amabilité,
Cet heureux enjoûment qui vous rend agréable,
Ne me font voir en vous qu'une personne aimable.
Je suis plus que certain qu'à l'égard d'un époux,
Vous ne sauriez jamais vous montrer en courroux.
D'ailleurs, si vous vouliez agir de violence,
Alors...

(Il la menace de la main sans qu'elle s'en aperçoive.)

MADELON.

Eh bien ! alors ?

GUILLAUMET.

Je prendrais patience.
Un mari, selon moi, ne doit point raisonner
Quand il voit que sa femme est en train de prôner.
Je vous vois de l'humeur? et bien ! je me retire ;
Sans vous contrarier, je vous laisse tout dire ;
Et lorsque j'aperçois que vous criez moins fort,
Je m'approche de vous, avouant que j'ai tort.
Vous me voyez craintif, vous devenez plus tendre ;
Je vous donne un baiser que vous daignez me rendre,
Je m'accuse l'auteur de vos emportements,
Et nous faisons la paix comme de vrais amants.

MADELON.

Voilà, mon cher ami, comme il vous faudra faire
Si vous voulez trouver le moyen de me plaire ;

Pour moi, je vous promets de vous aimer toujours.
Mais puis-je bien compter sur un pareil discours?
Les hommes sont trompeurs, et mon expérience
Fait que je dois avoir un peu de méfiance.

GUILLAUMET.

(A part.)   (Haut.)

Je crois qu'elle a raison. Me soupçonneriez-vous?

MADELON.

Non, mais on craint toujours quand on prend un époux.

GUILLAUMET.

Quoi! s'il vous plaît parfois de prendre un ton sévère,
De faire un peu de bruit, de vous mettre en colère,
Croyez-vous bonnement que, pour vous apaiser,
Je sois assez hardi d'oser vous maîtriser?
Non, je souffrirai tout, seriez-vous plus méchante!
Vous voyez que l'hymen n'a rien qui m'épouvante.

MADELON.

A ces conditions je vous donne ma main.
Oui, nous serons époux pas plus tard que demain.

GUILLAUMET.

Ma chère Madelon, vous me rendez la vie!
Oui, j'éprouve déjà dans mon âme ravie
Que c'est à vos bontés que je dois mon bonheur,

Puisqu'on ne voit en moi qu'un simple serviteur.
Je n'ai, vous le savez, ni parents, ni fortune,
Mais il m'eût été doux de vous en offrir une.
Vous me faites haïr le sort qui m'a proscrit.

MADELON.

Je n'ai besoin de rien, votre cœur me suffit.
On n'a pas besoin d'or quand on a du mérite,
Et ce métal vaut moins qu'une bonne conduite.

GUILLAUMET.

Je ne sais que répondre à ce discours flatteur;
Mais il sera gravé pour toujours dans mon cœur.
Pardon, je me retire et vais voir à l'ouvrage;
Car ce méchant brutal n'aura rien fait, je gage.

MADELON.

A propos! avec lui j'ai besoin de causer.

GUILLAUMET.
(A part.)
Je vais l'en prévenir... Bon! c'est pour le chasser.

SCÈNE V.

MADELON, seule.

On aura beau prêcher que c'est une folie;
En dépit des jaloux, demain je me marie.

Le parti me convient, c'est un charmant garçon;
Ainsi, c'est ce qu'il faut pour régler ma maison.
Il n'est pas naturel qu'une femme, à mon âge,
Pour plaire à bien des gens reste dans le veuvage.
Chacun ressent son mal, et, si je prends Martin,
C'est que j'ai grand besoin qu'il veille à mon moulin.
A parler franchement, j'étais bien décidée
De ne point contracter un second hyménée;
Mais cela va si mal que je n'y puis tenir,
Et depuis bien longtemps je ne fais que languir.
A toujours vivre ainsi je ne puis me résoudre.

(Elle fait un geste vers le moulin.)

Un moulin que j'ai vu ne pas cesser de moudre,
Je le vois maintenant ne faire presque rien;
Or, je donne à penser si je m'en trouve bien.
Non, non, dès aujourd'hui je ne veux plus qu'il chôme,
Et, pour le faire aller, je veux me prendre un homme.

SCÈNE VI.

MADELON, ANTOINE.

ANTOINE.

Me voici.

MADELON.

C'est fort bien. Écoute, mon garçon :

Peut-être diras-tu que je n'ai pas raison ;
Mais il n'est pas moins vrai qu'il faut que je te dise...

ANTOINE.

Que de me renvoyer vous faites la sottise ?
A prendre mon parti je suis tout décidé,
Car j'attendais de vous un pareil procédé.

MADELON.

Oh ! tu me fais injure en parlant de la sorte ;
Je n'ai jamais pensé de te mettre à la porte.
Ce n'est pas pour cela que je t'ai fait venir ;
C'était pour te prier de vouloir me servir.

ANTOINE.

Puisqu'il en est ainsi, voyons, que faut-il faire ?

MADELON.

Aller à Blanquefort me chercher un notaire.

ANTOINE.

Auriez-vous le dessein de faire un testament ?
Il est vrai que la mort nous vient subitement ;
Ainsi vos héritiers loueront votre conduite,
Si vous partez un jour par une mort subite.

M. de G.   2

MADELON.

Moi, faire testament! mais tu veux plaisanter?
Si je veux un notaire, eh! c'est pour contracter.

ANTOINE.

Ah! j'y suis à présent : vous mettant dans la blouse,
Martin de votre cœur triomphe et vous épouse;
Et moi, comme un benêt, par ma discrétion,
Je vois cet ostrogoth me souffler le pion.
Convenez avec moi que c'est un peu terrible...
Comment donc, vous riez! mais ce n'est pas risible.

MADELON.

On n'y saurait tenir; ton aveu me surprend.
Mais non, sans plaisanter, m'aimes-tu franchement?

ANTOINE.

Fort bien, amusez-vous; la question est drôle!
Je le disais tantôt : bien sûr, vous êtes folle.
Douter de mon amour! Ah! oui, je vous aimais,
Ingrate! c'est bien plus, car je vous adorais.
Mon cœur brûlait pour vous, dans une douce attente,
Comme s'il eût été dans de l'huile bouillante.
J'en perdais la raison, la nuit comme le jour,
Sans cesse tourmenté de mon fatal amour.

Je n'étais plus à moi, j'avais perdu la tête,
Et, depuis ce temps-là, je suis comme une bête.

MADELON.

Pourquoi t'avises-tu d'agir de la façon?
De m'aimer sans motif tu n'avais pas raison.

ANTOINE.

Des motifs, j'en avais : votre douceur traîtresse
Avait su m'inspirer cette fatale ivresse;
Vos regards, vos soupirs semblaient me l'ordonner;
Tout en vous me disait qu'il fallait vous aimer.
Vous me disiez souvent, d'une voix attendrie :
Antoine, mon ami, faites ça, je vous prie;
Prenez garde surtout de vous faire du mal,
Car vous seriez contraint d'aller à l'hôpital...
Était-ce de l'amour? Osez vous en dédire !

MADELON.

Tu te trompais, mon cher; je disais ça pour rire.

ANTOINE.

Non, non, sans être fin, je m'y connais un peu;
De vos deux yeux fripons je remarquais le jeu.
Je me souviens encor du jour du grand orage,
Et ne prends pas cela pour être un badinage.

Vous rappelez-vous bien que, tremblante d'effroi,
Vous vîntes, dans la peur, vous accrocher à moi,
Puis, me serrant le corps en détournant la tête,
Vous disiez : Ah! mon cher, quelle horrible tempête!
Je frissonne de peur; la foudre, les éclairs,
Semblent, dans ce moment, confondre l'univers :
Antoine, mon ami, la frayeur me transporte;
Ne m'abandonne pas, je suis à moitié morte...
En fallait-il de plus pour me rendre amoureux?
Pouvions-nous de plus près nous toucher tous les deux?
Non; dès ce même instant je sentis dans mon âme
Pétiller le tison d'une amoureuse flamme.
Vous souvient-il encor du jour de carnaval
Où d'avoir trop mangé je me trouvai si mal?
Eh bien! n'est-ce pas vous qui, craignant pour ma vie,
Me fîtes avaler un verre d'eau-de-vie?
Rappelez-vous le jour où, venant du château,
J'eus l'imbécillité de culbuter dans l'eau;
Trempé comme un canard, je vins, l'âme accablée.
De voir mon triste état vous parûtes troublée.
Pour sécher mes habits, vous mîtes aussitôt
En travers des chenets la moitié d'un fagot.
Que devais-je penser en cette circonstance?
Devais-je prendre ça pour de la complaisance?
Non; je voyais alors aussi clair que le jour
Que ces bons procédés n'étaient que de l'amour.
Il me souvient encor que, la même semaine,

Vous me fites cadeau de ce bonnet de laine.

(Il lui montre le bonnet, et le jette à terre avec fureur.)

Tiens, funeste présent, toi qui sus m'enflammer...

(Il veut le fouler aux pieds, réfléchit, et le ramasse.)

Non, je le garde encor, de peur de m'enrhumer.

MADELON, riant.

Comment diable as-tu fait pour fourrer dans ta tête
Que j'avais le dessein de faire ta conquête,
Toi qui, depuis deux ans près de moi, comme un sot,
En matière d'amour ne m'a jamais dit mot?

ANTOINE.

O cruel désespoir! ô funeste silence!
Écoutez, Madelon, à présent que j'y pense...
Il en est encor temps, rien ne peut vous presser;
Et si vous le voulez, nous allons commencer.

MADELON.

Mon cher, il est trop tard : ma parole est donnée,
Et, par égard pour toi, j'en suis vraiment peinée.
Mais tu dois bien penser qu'une femme d'honneur
Doit tenir sa parole en promettant son cœur.

ANTOINE.

Je sais bien que jadis c'était assez l'usage
De tenir sa promesse en fait de mariage;

Mais aujourd'hui, fi donc! pour mieux faire son choix,
Avant de s'engager on se promet cent fois.
Or, vous pouvez fort bien suivre cette méthode,
Puisqu'en France et partout c'est la nouvelle mode.
D'ailleurs, écoutez-moi; parlons peu, parlons bien.
Qui sait si mon rival n'est pas un grand vaurien,
Un vil aventurier, un enjôleur, un drôle,
Qui d'un homme de bien prétend jouer le rôle?
Si j'en crois mes soupçons, c'est un mauvais sujet
Qui de vous rendre dupe a formé le projet.
Tout simple que je suis, je connais les affaires,
Et je ne sais pas trop s'il ne sort des galères.

MADELON.

Antoine, finissons; je dois te prévenir
Qu'un semblable discours ne peut me convenir :
Il est permis d'avoir un peu de jalousie,
Mais on ne porte pas si loin la calomnie.

ANTOINE.

Ce que je vous en dis c'est dans votre intérêt.
Je le répète encor, c'est un mauvais sujet,
Un homme sans aveu, qui, bien sûr, se déguise,
Et, par-dessus tout ça, gueux comme un rat d'église.
Croyez-moi, renoncez à cet aveu fatal.
Songez qu'en fait de bien je ne suis pas fort mal.

Sans vouloir me vanter, vous savez que ma mère
Possède à Caudéran près d'un journal de terre.

MADELON.

Un journal, ce n'est rien.

ANTOINE.

Ce n'est pas le Pérou,
Mais cela vaut bien mieux que d'être sans le sou.
Le terroir en est bon; ma mère, chaque année,
Tire pour vingt écus de pieds de chicorée,
Des citrouilles, des choux, quantité de melons
Qui, chose rare ailleurs, sont chez nous toujours bons,
Des raves, du persil, brocolis et patates,
Des oignons, des piments, jusques à des tomates.
Or, vous devez penser que, quand elle mourra,
Comme étant son enfant, ce bien me restera.
Eh bien! qu'en dites-vous?

MADELON.

Que je tiens ma promesse,
Et que tu peux ailleurs te faire une maîtresse.

ANTOINE.

Ingrate! c'en est fait, oui, je vais vous quitter!
Près de deux mauvais cœurs je ne veux plus rester.
Mais avant de partir je veux vous satisfaire,

Je vole à Blanquefort vous chercher un notaire ;
Je veux être témoin d'une affreuse union
A qui je veux donner ma malédiction.
Oui, je serai vengé d'un cœur tel que le vôtre.
Je veux qu'avant huit jours, mécontents l'un de l'autre,
La discorde se mêle au milieu de vous deux,
Et rende votre hymen un esclavage affreux.

(Il sort avec précipitation, et s'arrête devant le moulin.)

Et toi que les enfers ont vomi dans leur rage,
Viens dans mon désespoir contempler ton ouvrage ;
Viens posséder ce cœur que tu m'as su ravir ;
Il est digne du tien : vous pouvez les unir.

(Il sort sur le pont.)

SCÈNE VII.

MADELON, GUILLAUMET.

GUILLAUMET.

Ma chère Madelon, faites-moi donc comprendre
D'où viennent les propos qu'Antoine fait entendre ;
Pourquoi s'emporte-t-il ? d'où vient cette fureur ?

MADELON.

Je vais vous dire tout : Antoine a de l'humeur.

GUILLAUMET.

Convenez avec moi que c'est abominable.
Cet homme chaque jour devient insupportable.
Mais, à ce qu'il parait, vous le voulez ainsi,
Car je ne sais pourquoi vous le gardez ici.

MADELON.

Mon cher, dans ce moment le pauvre diable enrage.
J'ai voulu lui parler de notre mariage;
Il m'a dit tout d'abord d'un ton original :
Allez dire à Martin que je suis son rival,
Et que, si de trop près je sais qu'il vous approche,
Dans le travers du corps je lui passe la broche.
Il n'a pas dit tout ça, mais c'était approchant.

GUILLAUMET.

J'abaisserai le ton de cet impertinent.
J'ignore cependant si vous êtes complice,
Et si pour m'abuser vous usez d'artifice.
Ma chère Madelon, daignez me rassurer :
D'un tendre et pur amour que faut-il espérer ?

MADELON.

Martin, ne craignez rien, je n'ai qu'une parole,
Et j'ai su mépriser les discours de ce drôle.

GUILLAUMET.

Ah! que vous me sortez d'un pénible embarras !
À-t-il appris de vous que vous ne l'aimiez pas ?

MADELON.

Mais très-certainement : c'est ce qui le dépite ;
Contre vous, contre moi, voilà ce qui l'irrite ;
Il s'emporte, il menace et crève de dépit,
Parle à tort, à travers, sans savoir ce qu'il dit ;
Il est au désespoir, étouffe de colère,
Et va, pour se venger, nous chercher le notaire.
Ainsi, pour accomplir des nœuds aussi charmants,
Aujourd'hui, sans manquer, j'attends tous mes parents.
Allons, je vais rentrer. Vous, veuillez, je vous prie,
Passer chez le voisin qui touche à la prairie ;
Dites-lui d'apporter trois ou quatre chapons,
Des poulets, des canards, et de plus deux dindons ;
Je veux que tous mes gens chez moi fassent bombance,
Et qu'ils ne disent pas que je crains la dépense.
Allez, mon bon ami.

GUILLAUMET.

Que ce mot est divin !
Ma chère Madelon !...

MADELON.

Allez, mon cher Martin.

(Elle rentre au moulin.)

SCÈNE VIII.

GUILLAUMET, seul.

Il faut en convenir, ma vie est agréable :
Je me lève du lit et vais me mettre à table ;
La meunière m'adore, et veut absolument
Que je sois son époux. Mais rien n'est plus charmant.
Comme j'ai donc bien fait d'abandonner Mariotte,
Et puis cette Suzon, cette petite sotte
Qui croyait bonnement que j'étais assez fou
De la prendre pour femme en n'ayant pas le sou !
Non, non ; si je fais tant que d'en épouser une,
Je veux qu'elle ait au moins quelque peu de fortune.
La meunière a du bien ; ainsi, sans balancer,
Je suis tout résolu de vouloir l'épouser.
Différer plus longtemps, cela pourrait me nuire,
Car quelqu'un par hasard pourrait fort bien l'instruire ;
Et je ne sais pas trop, parlant de bonne foi,
Si, me connaissant bien, elle voudrait de moi.
Ah ! pauvre Guillaumet, ta mauvaise conduite
Ferait qu'à bon marché tu n'en serais pas quitte.
Mais pourquoi craindre donc ? Je suis plus que certain
De n'être point connu sous le nom de Martin.
Allons, sachons toujours agir avec adresse,
Et ne nous occupons que de notre maîtresse.

ACTE DEUXIÈME

SCÈNE PREMIÈRE.

MADELON, seule.

Allons, c'est convenu : pas plus tard que demain,
On me donne le nom de Madame Martin.
Il faut en convenir, c'est une rude épreuve
Qu'une femme à trente ans puisse demeurer veuve.
Pour moi, je soutiendrai que la plus dure loi
Est de se voir toujours tête à tête avec soi.
N'avoir point de mari! mais rien n'est plus maussade,
Et je voyais l'instant que j'en tombais malade.

SCÈNE II.

MADELON, GUILLAUMET.

MADELON.

Ah! vous voilà, mon cher? Eh bien! notre voisin,
Qu'a-t-il dit?

GUILLAUMET.

Que bientôt il serait au moulin.
A peine ai-je parlé de notre mariage,
Qu'il a pris son couteau. Ça semblait un carnage :

Les chapons, les poulets, les canards, les dindons,
Les poules et les coqs tombaient par escadrons.

MADELON.

C'est avoir un bon cœur.

GUILLAUMET.

       Oh! dur comme une enclume;
Car ils sautaient encor qu'il arrachait la plume.
Enfin vous aurez ça, m'a-t-il dit, pour ce soir.
Mais parlons des parents; je brûle de les voir,
D'aller au-devant d'eux déjà tout me pétille,
Et je sens à mon cœur que j'aime la famille.

MADELON.

Soyez sûr, mon ami, qu'ils sont tous en chemin.
Eh! tenez, justement j'aperçois mon cousin.

SCÈNE III.

GUILLAUMET, MADELON, BERNAT.

MADELON.

Bonjour, mon cher Bernat.

BERNAT.

      Vonjour.

GUILLAUMET, à part.

      Ah! misérable!

(A Madelon.)

Pardon, je vais rentrer pour vous mettre la table.

MADELON.

Quoi! vous ne dites rien à mon cousin Bernat?

GUILLAUMET.

Bonjour, mon cher, bonjour.

(Il rentre.)

BERNAT. (Il recule de surprise, croyant voir Guillaumet.)

Ah! satre d'un sabat!

SCÈNE IV.

MADELON, BERNAT.

(Bernat, pendant un moment, va vers le moulin et revient troublé; il ne peut se contenir; il a un gros bâton duquel il frappe.)

MADELON.

Eh bien! qu'avez-vous donc? d'où vient cette surprise?

BERNAT.

(A part.)

Moi? je n'ai rien... C'est lui, le diaple me défrise!

(Haut.)

C'est lui, conténons-nous... Comment ba la santé?

MADELON.

Bien. Mais d'un trouble ici je vous vois affecté;
Qui pourrait le causer? Serait-ce ma présence?

BERNAT.

Je ne suis point trouvlé ; c'est que, bois-tu, je pense...

(A part.)   (Haut.)

Oh ! c'est lui, j'en suis sûr... que tu bas épouser...

MADELON.

Pas plus tard que demain je vous ferai danser.

BERNAT, moins troublé.

Et dis-moi, le parti paraît-il conbénable ?

MADELON.

C'est un charmant garçon, et, de plus, fort aimable.

BERNAT.

Le praube ! je le plains.

MADELON.

De quoi le plaignez-vous ?

BERNAT.

C'est qu'il a le malhur de débénir époux.
Il ne sait pas encor sonque c'est qu'une femme ;
Il ignore qu'il perd le répos de son âme.
Mais moi qui suis ici, je ne puis pas nier
Que le plus grand malhur est de se marier

MADELON.

Écoutez, mon cousin, je connais votre histoire ;
Mais, malgré tout cela, je vous prierai de croire
Qu'en dépit des méchants, la plupart des époux
N'ont pas le même droit de parler comme vous.

BERNAT.

Ça se put. Je conbiens que la femme est un ange ;
Mais moi, je sens l'endroit où céla me démange.
D'ailluis, laissons ça là.

MADELON.

            Nous ferons beaucoup mieux.
D'autant plus, à quoi bon disputer en ces lieux ?
Il est plus naturel de parler mariage,
Puisqu'un second hymen dès aujourd'hui m'engage.
Ainsi, mon cher Bernat, je vous ai fait venir
Non pour nous quereller, mais pour nous divertir.

BERNAT.

D'avord, je te prébiens, je n'aime pas la danse ;
Mais je bux du futur faire la connaissance.
Est-il atsent, présent ?

MADELON.

            Il est dans le moulin.

BERNAT.

Dis-moi, quel est son nom?

MADELON.

Il se nomme Martin.
Vous l'avez déjà vu; mais, comme il est affable,
Il est d'abord rentré pour préparer la table.
C'est ce joli garçon qui vient de s'en aller.

BERNAT.

(A part.)   (Haut.)

Martin? ce n'est pas lui... Je boudrais lui parler.
Ça doit être braiment une vonne personne.
(A part.)
C'est put-être un faux nom que le coquin se donne.
(Haut.)
Madélon, pourrais-tu me le faire benir?
En ton atsence ici je bux l'entréténir.

MADELON.

Oui, pour lui faire peur touchant le mariage?
Vous êtes un méchant; et voyez-vous, je gage
Que de l'en détourner vous avez le projet.

BERNAT.

Si je prétends le boir, c'est dans ton intérêt.

M. de G.   3

Je bux l'interroger, et connaître à sa mine
Si c'est sonqu'il te faut, entends-tu, ma cosine?
Ainsi tu sens fort vien que ce n'est pas pour moi,
Que ce n'est purément que par vonté pour toi.

MADELON.

De vos intentions je vous suis obligée,
Et de toute ma peur je me sens dégagée;
M'en rapportant à vous, je vais le prévenir;
Mais ne me trompez pas.

BERNAT.

Non, fais-le-moi benir.

SCÈNE V.

BERNAT, seul. (Il s'anime par degrés.)

Me serais-je trompé? serait-ce une méprise?
L'ai-je bien réconnu, malgré qu'il se déguise?
Oui, je suis assuré que c'est ce scélérat,
Pourquoi dans ce moment je sens mon cœur qui vat.
Je sens rénaitre en moi cet esprit de bengeance
Qui dépuis vien longtemps me débore en silence.
Ma rage se rallume, et ma juste furur
Semvle de tous mes maux bouloir punir l'autur.
Oui, je me bengerai; oui, monstre avominavle,

Ma main saura punir les otcès d'un coupavle ;
Mon vras dans ce moment est prêt à me serbir ;
Sous ses coups redouvlés je bux t'anéantir.
Biens, n'appréhende pas de paraitro à ma bue ;
Montre-toi, bagavond, et Bernat, zap, te tue.

(Il semble le frapper de son bâton et reste en position.)

SCÈNE VI.

BERNAT, *en posture ;* **GUILLAUMET,** *la figure enfarinée.*

GUILLAUMET, effrontément et sans être entendu de Bernat.

Allons, ne craignons rien, je sais qu'il est capon,
Je le ferai trembler en lui montrant du front ;
D'ailleurs, je le connais, c'est une bonne bête.

(A Bernat, qui le fixe sans quitter son attitude.)

Eh bien ! maître Bernat, nous voici donc de fête.
Vous voulez, m'a-t-on dit, me parler en secret ?

(Ici Bernat, après l'avoir fixé un moment sans lui répondre, fait trois
ou quatre pas sur le côté, et semble ruminer avec les bras croisés.)

(A part.)

Il ne me remet plus.

BERNAT, à part.

Ce n'est pas Guillaumet.

(Haut, en s'approchant.)

Je boulais bous parler concernant ma cosine.

Mais d'où bient que bos yux sont remplis de farine ?
Je pense que cela doit bous importuner ;
Boulez-bous mon mouchoir ? je bais bous le donner.

GUILLAUMET.

Ah ! vous êtes bien bon, je vous en remercie ;
Nous autres, voyez-vous, c'est comme une manie,
Nous ne saurions aller sans être farineux.

BERNAT, à part.

C'est bien la même boix qu'abait ce maudit gueux.

BERNAT.

(Haut.)   (A part.)
Enfin, bous disiez donc ?... Je ne sais que lui dire.

GUILLAUMET.

Il craint de me parler ; c'est ce que je désire.

BERNAT.

Dites-moi, s'il bous plait, quel est botre pays ?

GUILLAUMET.

Je suis d'un petit bourg à côté de Paris.

BERNAT.

Comment bous nommez-bous ?

GUILLAUMET.

Martin-René Lavergne.

BERNAT.

Bous m'abez vien tout l'air d'un Parisien d'Aubergne ;
Bous seriez un mentur d'oser le souténir,
Pourquoi dans cet endroit on ne fait pas un cuir ;
Mais bous, à chaque mot, bous en faites d'une aune,
Et bous parlez français comme je le raisonne.

GUILLAUMET.

Bernat, vous me manquez.

BERNAT.

       Ça, ce n'est rien du tout ;
Oh ! tu n'as pas tout bu, je ne suis pas au vout.

GUILLAUMET.

(A part.)   (Haut.)

Me reconnaîtrait-il ?... — Quel étrange langage !
Expliquez-vous, Bernat ; serait-ce un badinage ?

BERNAT.

Je te connais, coquin, et ton déguisément
Ne put te dérover à mon uil clairboyant.

GUILLAUMET, avec colère, fait reculer Bernat.

Qu'appelez-vous coquin ! d'où vient cette menace ?
Avez-vous bien le front de me le dire en face ?

Pour qui me prenez-vous ? Je ne sais qui me tient
De vous pulvériser et vous réduire à rien.

BERNAT. (Il fait reculer Guillaumet, et se met en colère par degrés.)

Mais écoutez-moi donc ! je me trompe put-être ;
C'est que, boyez-bous vien, je crois bous réconnaître.
Comment ! ce n'est pas bous qu'on nomme Guillaumet,
Et qui bîntes chez moi portur d'un grand plumet,
D'un havit de sapur, des moustaches, un savre,
Et qui fûtes vlessé dans la póupe, en Calavre ?
Je te connais, vrigand !

GUILLAUMET.

Brigand !

BERNAT.

N'abance pas,
Si tu ne bus ici rencontrer le trépas.
Ne crois pas m'échapper ; il faut que je me benge
Du dégât que tu fis dans toute ma bendange.

GUILLAUMET, à genoux.

Hélas ! mon cher Bernat, daignez me pardonner ;
Vous avez, je le sais, le droit de me blâmer.
Oui, mon très-cher cousin, j'ai tort, je le confesse ;
Mais veuillez excuser un excès de jeunesse.

(Il se lève et s'essuie la figure.)

BERNAT.

Qu'appelles-tu, cosin? Apprends, bil effronté,
Qu'il n'est plus entre nous aucune parenté.
Monstre que je déteste, oses-tu vien encore
Me traiter de cosin quand ça me déshonore?
Pux-tu t'imaginer, etcécravle vrigand,
Qu'un tel être que toi put sortir de mon sang?
Non... l'enfer en courroux t'a bomi sur la terre,
Et tout annonce en toi qu'un démon est ton père.

GUILLAUMET.

Ah! daignez, par pitié, calmer votre transport;
Je suis un malheureux, je conviens que j'ai tort;
L'excès de mes forfaits aujourd'hui m'épouvante;
Mais ne me perdez pas près de votre parente :
Vous savez que l'hymen est près de nous unir.

BERNAT.

Crainte d'un tel malhur, je bole l'abertir.

(Il court vers le moulin.)

SCÈNE VII.

GUILLAUMET, BERNAT, RAMOUNET.

RAMOUNET, arrêtant Bernat.

Bonjour, mon cher Bernat; où cours-tu de la sorte?

BERNAT.

Je ne bous connais pas, ou le diaple m'emporte.

RAMOUNET.

Bernat, je m'aperçois, avec grand mal au cœur,
Que tu n'es qu'un ingrat envers ton bienfaiteur.
Tu'ne me connais pas ? comment, perds-tu la tête ?
C'est moi qui te tirai de ce lac de piquette
Où te précipita l'infâme Guillaumet.

GUILLAUMET, à part.

Encore un contre-temps.

BERNAT, le serrant dans ses bras.

Quoi ! c'est toi, Ramounet ?
Ah ! daigne m'excuser ! le truvle, la colère,
La furur... Le coquin me la payera, j'espère.

RAMOUNET.

Quoi ! tu penses toujours à ce mauvais sujet !
Songe qu'il sera mort dans quelque état abject ;
Le ciel t'aura vengé d'un pareil misérable.
Ainsi ne pense plus à cet être implacable.
Ne songe plus au mal que te fit ce méchant ;
Ce monstre est au-dessous de ton ressentiment.

BERNAT.

L'ouvlier, me dis-tu? non ; apprends que le traître..

GUILLAUMET, à Bernat.

Bernat, vous me perdez en me faisant connaître.
(A Ramounet.)
Mon cher, pour le calmer, j'ose comptér sur vous;
Daignez, par vos conseils, apaiser son courroux.

BERNAT, à part.

Je ne sais où j'en suis.

RAMOUMET, à Guillaumet.

Le désespoir l'accable.
Victime d'un bourreau, Bernat est misérable.
Si vous étiez instruit d'où provient sa douleur,
Vous lui pardonneriez cette juste fureur.
Allons, mon cher Bernat, ton ami t'en supplie,
Ta santé, ton repos, demandent qu'on l'oublie.

BERNAT.

Non, je bux me benger.

GUILLAUMET, à part.

Oh ! le tristé embarras !

BERNAT.

Le monstre n'est pas loin, il n'échappéra pas.
Daignez me séconder, je bus le faire pendre.

RAMOUNET.

Je ferai mes efforts pour qu'on puisse le prendre.
Mais es-tu bien certain qu'il habite ces lieux ?

BERNAT.

Eh ! ne le bois-tu pas ? il est debant tes yeux.

RAMOUNET.

Lui ! se pourrait-il bien ?

GUILLAUMET, à part.

O fatale aventure !

BERNAT.

Reconnais, dans ses traits, ce monstre de nature.

GUILLAUMET, à Ramounet.

Il s'abuse, il vous trompe, et son cruel état...

RAMOUNET.

Non, je te reconnais, insigne scélérat ;
Je t'ai vu défiler avec tout le bagage,
Le jour que tu lui mis sa maison au pillage.

GUILLAUMET.

Vous êtes dans l'erreur, et de pareils discours...

SCÈNE VIII.

BERNAT, RAMOUNET, GUILLAUMET, MADELON.

MADELON.

Quel bruit faites-vous donc ?

GUILLAUMET.

Venez à mon secours.
Ces deux hommes sont fous, et, dans l'extravagance,
Ils me font supporter leur état de démence.
Votre aimable cousin, qui doit me respecter,
S'associe un passant afin de m'insulter ;
Il ose soutenir, avec ce bon apôtre,
Que je ne suis pas moi.

MADELON.

Tiens ! en voilà d'un autre !

GUILLAUMET.

Enfin, vous frémiriez des horreurs qu'ils m'ont dit.

BERNAT.

Allons, bous allez boir que nous perdons l'esprit.

MADELON.

Comment donc, mon cousin, vous avez l'impudence
De traiter mon futur avec impertinence !
Je dois vous prévenir que cela me déplaît,
Et que d'agir ainsi vous avez très-mal fait.
Avez-vous des raisons pour parler de la sorte ?
Qu'il soit ce qu'il voudra, cela ne vous importe.
Et vous qui prétendez que ce n'est pas Martin,
Veuillez bien, s'il vous plaît, passer votre chemin.

RAMOUNET.

Je ne suis pas chez vous, je suis sur un passage.

GUILLAUMET.

Voyez cet insolent !

MADELON.

Mon cher Martin, j'enrage.

BERNAT.

Ecoute, Madélon ; bux-tu me croire, à moi ?
Commence par chasser ce vrigand de chez toi.

GUILLAUMET.

Enfin, vous l'entendez, cet homme m'assassine.

MADELON.

Mais qu'avez-vous, Bernat?

BERNAT.

Je le sais, ma cosine.
En bain, pour me fléchir, tu boudrais t'entêter;
Je ne pars pas d'ici sans le faire arrêter.

RAMOUNET.

Oui, tu feras fort bien, le coquin le mérite;
Il doit être puni d'une telle inconduite.

MADELON.

Mais que vous a-t-il fait?

GUILLAUMET, à Madelon.

Ils perdent la raison.

BERNAT.

Tu ne le sais que trop, ma chère Madélon.
Pour toi tous mes malhurs ne sont pas des noubelles.
Tu sais qu'un scélérat m'en fit boir de cruelles.
Eh vien! j'ai la dolur de le boir aujourd'hui
Débénir ton époux. Ce scélérat, c'est lui!
Lui que j'empêcherai de t'aboir pour compagne.

MADELON.

Mais, mon auvre Bernat, vous battez la campagne.

GUILLAUMET.

Je vous l'avais bien dit.

BERNAT.

Demande à Ramounet.

RAMOUNET.

Oui, je le soutiendrai, c'est bien là Guillaumet.

MADELON.

Vous êtes un menteur, un homme détestable.
Et vous, mon cher cousin, allez-vous-en au diable !

GUILLAUMET.

Madelon, faisons bien, tenez, retirons-nous,
Et laissons à loisir raisonner ces deux fous.

SCÈNE IX.

BERNAT, RAMOUNET, GUILLAUMET, MADELON,
BERTOUMIOU, SUZON.

BERTOUMIOU, montrant le moulin.

Tiens, nous sommes rendus.

MADELON.

Ah ! bon, voici mon frère.

GUILLAUMET, à part.

Ouf ! me voilà flambé : Suzon avec son père.

BERTOUMIOU.

Bonjour, ma chère sœur; comment va la santé ?

MADELON.

Fort bien, mon cher; et toi, comment t'es-tu porté ?

BERTOUMIOU.

(A Suzon.)

A merveille, toujours..... Embrasse donc ta tante.

MADELON.

Sais-tu, mon cher ami, que ta fille est charmante ?

SUZON. (Elle va embrasser sa tante.)

Ma tante, excusez-moi.

MADELON.

Voyez-la donc, Martin.

(Après s'être embrassées.)

Eh bien ! qu'en dites-vous ?

SUZON. (Elle reconnaît Guillaumet, va vers son père et lui tire le bras.)

Mon père.

GUILLAUMET.

Elle a l'œil fin.

BERTOUMIOU.

Tions, te voilà, Bernat ?

GUILLAUMET, à part.

Contre moi tout conspire.

BERNAT.

Et Ramounet aussi.

BERTOUMIOU, à Suzon.

Que le diable t'étire !
As-tu peur qu'on t'enlève ? Eh ! laisse-moi jaser
Avec deux bons amis que je veux embrasser.

SUZON.

Mais écoutez-moi donc, je suis toute tremblante.

BERTOUMIOU.

Qui peut te faire peur ? d'où vient ton épouvante ?

SUZON, lui montrant Guillaumet.

Je le reconnais bien, c'est là mon prétendu.

MADELON.

Quel est donc ce discours !

GUILLAUMET, à part.

Hay ! hay ! je suis perdu !

BERTOUMIOU.

Ah ! mon ami Bernat, prête-moi cette gaule !

BERNAT, sans lui abandonner le bâton

Mais pourquoi faire donc ?

BERTOUMIOU.

Pour assommer ce drôle.

BERNAT.

Doucément, doucément ! de ton aimavle sur
Le drôle que tu bois est l'amant, le futur.

BERTOUMIOU.

Quoi ! ce mauvais sujet ?

SUZON.

Cet enjôleur de filles ?

BERNAT.

Oui, qui se fait un ju de truvler les familles.
C'est lui qui dès demain, par les nuds les plus doux,
De ta sur Madélon ba débénir l'époux.

BERTOUMIOU.

Je prétends empêcher un pareil mariage.

M. de G.   4

Comment, ma chère sœur, se peut-il qu'à ton âge
Tu te laisses duper par ce maudit coquin ?

MADELON.

Je vois ce qu'il en est, vous conspirez en vain.
Oui, je vous vois venir ; vous parlez de la sorte
Pour avoir tout mon bien lorsque je serai morte ;
De me voir marier vous êtes tous jaloux ;
Mais vous pouvez partir, j'épouserai sans vous.

BERNAT.

Je réconnais vien là la tête d'une femme.

BERTOUMIOU.

Tu me fais un affront qui me déchire l'âme.
Mais n'importe, en dépit de ta fatale erreur,
Je veux te préserver d'un semblable malheur.
Je veux te faire voir ce que c'est que ce traître,
Et par un vrai récit t'apprendre à le connaître.
Sache que ce vaurien s'introduisit chez moi
Avec l'air empressé de chercher de l'emploi.
Sensible au faux détail qu'il fit de sa misère,
Je le pris avec moi pour labourer la terre.
Je m'aperçus bientôt que c'était un flandrin,
Un lâche, un paresseux, en un mot, un câlin ;
Mais je ne voulus pas, comme une âme inhumaine,
Le chasser de chez moi, le voyant dans la peine.

J'avais toujours l'espoir qu'il se corrigerait,
Et que peut-être un jour le gueux travaillerait.
Mais non; il mangeait bien et ne voulait rien faire.

GUILLAUMET.

Vous ne me nourrissiez que de pommes de terre.

BERNAT.

Il fallait, comme moi, courir au cavaret,
Et dans chaque répas lui serbir un polet.
Il aime les mets fins, et, pour qu'il fît ripaille,
Tu débais, comme moi, détruire ta bolaille.

(A Guillaumet.)

Plût à Diu le prémier t'ût serbi d'arsénic !

BERTOUMIOU, à Bernat.

A l'égard des poulets, chez nous ça fait bernic.

(A Madelon.)

Enfin, pendant six mois, lui parlant de tendresse,
Il embabiola cette pauvre drôlesse.
Suzon m'en fit l'aveu. Sans me faire prier,
Je lui dis : Mon enfant, il faut te marier.
J'en parle à ce mandrin, qui fut content de l'offre.
Alors je pris l'argent que j'avais dans mon coffre,
Je partis pour Bordeaux; mais, n'étant pas rusé,
Sans faire aucun achat je fus dévalisé.
Une belle de nuit, dont j'avais fait rencontre,

Me souffla mes écus; un autre prit ma montre;
Enfin, me ballottant comme un pauvre niais,
Je servis de bouffon à tous les Bordelais.
De retour au logis, je compte l'aventure :
J'aperçois mon coquin qui change de figure;
Il a l'air de me plaindre, et, dans mon embarras,
Me laisse, en défilant, ma Suzon sur les bras.

MADELON.

Comment ! se pourrait-il ?

SUZON.

Ah ! c'est bien vrai, ma tante.

GUILLAUMET.

Il fallait envers moi n'être pas si méchante.

SUZON.

Monstre ! pourrais-tu bien me tenir ce discours !
Ne te souvient-il plus du temps de nos amours ?
Tu me disais sans cesse : Ah ! que vous êtes bonne !
Oui, j'aimerai toujours votre aimable personne.
Alors, m'en rapportant à ce propos flatteur,
A te faire du bien je mettais mon bonheur.
Tu ne l'ignores pas, bien souvent de ma mère
Tu me fis supporter la trop juste colère;
Rien ne me corrigeait; bravant son carillon,

J'aurais vendu pour toi mon dernier cotillon.
Va, tu devrais rougir.

BERNAT.

Il en est incapavle.
Il m'en a vien plus fait, le monstre avominavle !

BERTOUMIOU.

Mais tu sauras aussi que ma femme en mourut
Le propre et même jour que le gueux disparut.
Ainsi, tu penses bien que ma peine est cruelle.

BERNAT.

Pour ta femme, mon cher, c'est une vagatelle.
Mais moi, c'est différent : cet insigne bolur
M'a pribé de mon vien, m'a rabi mon honnur.
Tu dois saboir sur moi l'histoire qu'on raconte,
Et comvien d'en parler je débrais aboir honte.
Eh vien ! tu bois en lui l'autur de mon tourment.

BERTOUMIOU.

Quoi ! c'est le Guillaumet de qui l'on parle tant !

BERNAT.

Oui, boilà le coquin; mais j'en aurai bengeance,
Et je bux tôt ou tard le tancer d'importance.
Et écécravle gusard, je bux t'esterminer.

GUILLAUMET.

Vous avez donc juré de ne pas pardonner?
Ma chère Madelon, veuillez bien, je vous prie,
Parler en ma faveur pour calmer leur furie.

MADELON.

Moi? je n'en ferai rien, je vois qu'ils ont raison;
Ainsi, dépêchez-vous, sortez de ma maison!
Comment, mauvais sujet, vous avez eu l'audace,
Après des traits pareils, de me parler en face!

GUILLAUMET.

Arrêtez! c'en est trop! je dois vous prévenir
Qu'à de pareils affronts je ne puis plus tenir.
C'est à moi d'avouer tous mes torts et mes crimes.
Oui, je vous ai rendus l'un et l'autre victimes.
Mon cœur dénaturé, dans ses égarements,
N'a jamais mis de frein à mes dérèglements.
J'ai toujours pratiqué la ruse et l'artifice,
Et n'ai jamais suivi que le sentier du vice;
Dédaignant la vertu, méconnaissant l'honneur,
Je me suis avili par des excès d'horreur.
Je vous ai tous trompés, et, dans ma perfidie,
J'ai porté mes forfaits jusqu'à la barbarie.
Mon âme s'en émeut, et, rappelant mes torts,
Je me sens déchiré par de cruels remords.

J'éprouve en ce moment cette juste vengeance
Qui des hommes sans mœurs devient la récompense.
Puissent tous les pervers apprendre, en m'écoutant,
Qu'ils ont tous à subir un pareil châtiment !
Quant à moi, c'en est fait, de mon pardon indigne,
Je n'attends point de vous cette faveur insigne ;
Mes crimes, mes forfaits m'en font la dure loi,
Oui, je vais vous venger d'un monstre tel que moi.

(Il sort avec précipitation.)

SCÈNE X.

BERNAT, BERTOUMIOU, RAMOUNET, MADELON, SUZON.

MADELON.

Que va-t-il devenir ?

SUZON.

Le pauvre misérable !

BERNAT.

N'allez-bous pas le plaindre ? Eh ! qu'il s'en aille au diable !
Je le berrais créber sans en aboir régret.

BERTOUMIOU.

Oui, laissons le partir, c'est un mauvais sujet.
Eh bien ! ma chère sœur, te voilà bien surprise ;

Nous t'avons empêché de faire une sottise ;
Encore un peu plus tard, il possédait ton cœur.

MADELON.

Je vois bien maintenant que j'étais dans l'erreur ;
Aussi, mes chers amis, je vous en remercie,
Et vous en saurai gré tout le temps de ma vie.

RAMOUNET.

Ce que nous en disions ce n'était que pour vous,
Et vous avez eu tort de nous traiter de fous.

BERNAT.

C'est brai, tu nous as dit quantité d'inbitimes
Qui très-certainement n'étaient pas légitimes.

BERTOUMIOU.

Eh ! que vas-tu chercher ! tiens, rentrons au moulin
Pour calmer notre humeur par quelques coups de vin.

MADELON.

Oui, mon frère a raison, allons nous mettre à fable,
Et tâchons d'oublier tous les torts d'un coupable.

BERNAT.

Moi, je ne dis pas ça ; n'étant pas vien bengé,
De le poursuibre encor je me bois ovligé.
Le pardonner ainsi, c'est souténir le bice ;
Donc que nous férons vien d'instruire la justice.

Ainsi, mon cher cosin, nous irons à Vordeaux
Faire notre rapport dabant les trivunaux.

BERTOUMIOU.

Ah ! mon Dieu ! mon ami, que viens-tu de me dire !
Moi, que j'aille à Bordeaux ! sans doute tu veux rire.
Non, non, j'ai trop promis de n'oublier jamais
Tous les traits que m'ont faits messieurs les Bordelais.
Allons, rentrons, crois-moi ; c'est en choquant le verre
Qu'on parvient aisément à calmer sa colère.

(Ils font mine de vouloir rentrer.)

SCÈNE XI.

LES PRÉCÉDENTS, ANTOINE, marchant à pas lents, les bras croisés.

BERTOUMIOU.

Que nous veut ce garçon ? Il paraît fort chagrin.

ANTOINE.

Je viens d'un scélérat vous annoncer la fin ;
Et ses derniers aveux m'ont assez fait comprendre
Qu'ici vous aviez tous intérêt à m'entendre.
Je ne l'ignore point, vous fûtes outragés,
Mais tranquillisez-vous, vous êtes tous vengés.
L'auteur de tous vos maux, après tant de scandale,
Vient de finir ses jours au milieu de la jalle.

MADELON.

Se pourrait-il ?

SUZON.

Hélas !

BERTOUMIOU.

Voilà, mes chers enfants,
Voilà la triste fin réservée aux méchants.

BERNAT.

Pour moi, je le sens vien, j'ai mon âme si vonne,
Que s'il est braiment mort, alors je le pardonne.

MADELON.

Antoine, en es-tu sûr ? Tu sais que quelquefois.....

ANTOINE.

Madelon, je l'ai vu tout comme je vous vois.
Je venais de remplir cet ordre si sévère
Que vous m'aviez prescrit : j'amenais le notaire.
Tous deux dans le chemin, sans nous dire un seul mot,
Nous marchions à grands pas pour arriver plus tôt.
A peine nous sortions de cette grande plaine

Qui depuis le château conduit à la garenne,
Que nous vîmes de loin un homme sur le pont,
S'occupant de la jalle à regarder le fond;
Les gestes qu'il faisait nous firent bientôt croire
Que, s'il regardait l'eau, ce n'était pas pour boire.
Il semblait éprouver quelque chagrin affreux,
Et, dans son désespoir, s'arrachait les cheveux;
Il voulait se frapper; poussé par la colère,
Nous l'avons vu trois fois se rouler sur la terre;
On l'eût dit enragé; faisant grincer les dents,
Il semblait se débattre avec de gros serpents,
Faisait de vains efforts, poussait des cris de rage;
L'écume qu'il rendait lui couvrait le visage.
Son corps tout mutilé, ses habits tout bourbeux,
Offraient à nos regards l'aspect le plus hideux.
Dans ce cruel état tout à coup il se lève,
Revient vers le torrent, il l'examine, il rêve;
Transporté de fureur, le dévore des yeux,
Lève parfois sa tête et contemple les cieux;
Il semble les prier de le réduire en poudre;
Il appelle sur lui leur vengeance et leur foudre.
Il n'est point écouté, ce n'est que dans les eaux
Qu'il pourra rencontrer le terme de ses maux;
Il est prêt à franchir ce pas si redoutable,
Quand nous nous écrions : Arrête, misérable !
Nous courons promptement vers cet endroit fatal.
Que vois-je ! juste ciel ! mon odieux rival !

A cette vue horrible, aussitôt je m'arrête.
Antoine, me dit-il, ta vengeance s'apprête;
Je vais te délivrer d'un affreux scélérat,
A qui tu fis du bien et qui fut un ingrat.
De retour au moulin, tu verras mes victimes,
Qui te détailleront le tissu de mes crimes,
Ils sont tous inouis, ils te feront frémir; —
Mais assure-les bien que j'ai su m'en punir.
A peine a-t-il fini de prêcher sa morale,
Qu'il s'élance aussitôt au milieu de la jalle;
Je le vois disparaître, et l'eau, dans son courant,
Semble s'enorgueillir d'engloutir un méchant.

BERTOUMIOU.

Il a donc terminé sa course vagabonde!
Allons, n'y pensons plus, puisqu'il n'est plus du monde.

BERNAT.

Moi, j'en ai fait mon duil, et je désire fort
Qu'au miliu des enfers il arribe à von port.

MADELON.

Pour moi, facilement de lui je me console.

SUZON.

Moi, je ne pense pas que j'en deviendrai folle.

ANTOINE.

Je puis vous assurer que c'est avec plaisir
Que de chez les humains je l'ai vu déguerpir.

MADELON.

Mais, Antoine, il fallait amener le notaire.

ANTOINE.

Le futur n'étant plus, que vouliez-vous en faire ?
Vous devez bien savoir que pour former ces nœuds
Il est toujours besoin que l'on se trouve deux.

MADELON.

Sachant que tu m'aimais, je m'étais décidée
A t'accorder ma main.

ANTOINE.

        Ce n'est plus mon idée.
Qui, moi, vous épouser ! J'en eus l'intention,
Mais depuis mon départ j'ai fait réflexion ;
D'autant plus on peut bien, quand on est à mon âge,
Différer quelque temps de se mettre en ménage.
D'ailleurs, je ne veux point me chercher d'embarras.

BERNAT, le tirant de côté.

Ecoute, mon ami, crois-moi, n'épouse pas,
Pourquoi tu pourrais vien entrer dans la frairie.

BERTOUMIOU.

Mais, mon ami Bernat, quelle est donc ta manie ?
Crois-tu tout bonnement que l'on va t'écouter ?
L'hymen est un fardeau qu'on se plaît à porter.

BERNAT.

Je boudrais empêcher de faire une bitime.

BERTOUMIOU.

Ta manière de voir n'est pas bien légitime.

BERNAT.

Je le sais pardiu vien, c'est d'où bien la raison
Qui fait que je m'en prends pour ce praube garçon.

MADELON.

Enfin, mon cher cousin, vous n'êtes pas aimable ;
Antoine aurait bien pu devenir plus traitable ;
Mais vous l'en dégoûtez, vos discours lui font peur,
Et par ce moyen-là vous m'enlevez son cœur.

ANTOINE.

Madelon, les amants ont tous la tête dure :
Malgré votre cousin, je ne suis point parjure ;
Je vous aime toujours, et ne puis être heureux
Que lorsqu'il vous plaira satisfaire mes vœux.

MADELON, avec embarras.

Antoine, tu sais bien......

BERTOUMIOU, l'interrompant.

Que de cérémonie !
Allons, mes chers enfants, c'est moi qui vous marie.

ANTOINE.

Ma chère Madelon, ai-je bien votre cœur ?

MADELON.

A t'avoir pour époux je mets tout mon bonheur.

ANTOINE.

Ah ! que je suis heureux !

MADELON.

Moi, je ne suis plus triste.

BERNAT, à part.

Encore un candidat à mettre sur la liste !

BERTOUMIOU.

Prends bien garde surtout d'avoir soin du moulin.

ANTOINE.

Pour ça, je vous réponds de le mener bon train.

BERTOUMIOU.

Ma chère Madelon, rappelle-toi sans cesse
Que c'est à son époux que l'on doit sa tendresse,
Et qu'un vil séducteur est un cruel poison
Qu'on doit, pour être heureux, chasser de sa maison.

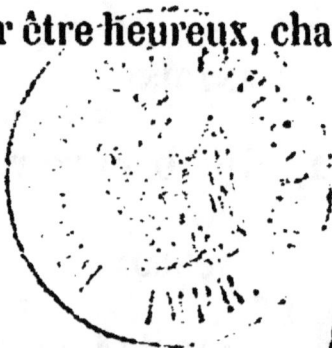

Bordeaux. — Imprimerie générale d'Émile CRUGY, rue et hôtel Saint-Siméon, 16.

www.ingramcontent.com/pod-product-compliance
Lightning Source LLC
LaVergne TN
LVHW022118080426
835511LV00007B/895